PÉTITION

A Messieurs les DÉPUTÉS *des Départemens,*

Par PAUL-ANTOINE-MAXIMILIEN-CASIMIR DE
QUÉLEN DE LA VAUGUYON-
CARENCY.

MESSIEURS,

Permettez moi d'appeler toute votre attention sur les
dispositions de l'article 3 du projet de loi relative aux
biens non vendus des Émigrés.

« Cet article maintient notamment tous les droits acquis
» avant la publication de la charte constitutionnelle qui
» seraient fondés sur des lois *et actes du Gouvernement,*
» relatifs à l'émigration. »

Une rédaction aussi vague ne laisse-t-elle pas le champ
libre à une foule d'interprétations, à l'aide desquelles
on peut étendre et dénaturer le sens véritable et l'esprit de
la loi.

Les rédacteurs du projet et des amendemens n'ont pas entendu, sans doute, maintenir et sanctionner les actes monstrueux de spoliation faits par le Gouvernement impérial, sous couleur de restitution, actes à la faveur desquels des gendres et des fils ont été investis de la propriété d'immeubles confisqués sur leurs pères, sans autre droit ou titre que la volonté de Bonaparte qui ne prenait pas même le soin de cacher l'arbitraire et la spoliation sous la régularité des formes, et l'apparence de la justice.

Pour me faire mieux comprendre, Messieurs, je citerai un exemple entre mille, et cet exemple je le prendrai dans la situation où je me trouve placé moi-même.

Par mon contrat de mariage du 13 Septembre 1789, le duc de la VAUGUYON, mon père, me concéda la nue propriété du Duché-Pairie de la Vauguyon et des terres et bois qui en dépendent, et me constitua 16000 francs de rente annuelle dont je devais jouir pendant sa vie, et tant que je n'aurais point succédé au Duché-Pairie.

Les événemens politiques forcèrent ma famille à sortir de France; revenu le premier dans ma patrie que je n'avais quittée qu'à regret, j'obtins la radiation de mon père et l'autorisation de sa rentrée en France.

Paul la Vauguyon, mon frère puîné, prit alors le parti des armes.

En 1807 il s'attacha à Joachim Murat, alors grand duc de Berg, en qualité d'aide de-camp. A cette époque le duc de la Vauguyon, mon père, jugeant sans doute que mon frère était en position de fixer l'attention et l'intérêt de Bonaparte, fit solliciter par lui la restitution des bois de Calonges, de Saint-Mégrin et des autres domaines non vendus, ressortissant du Duché-Pairie de la Vauguyon.

Un décret impérial du 3 novembre 1807 ordonna la levée du sequestre existant sur ces domaines, *mais en faveur de Paul la Vauguyon, mon frère,* que ce décret autorisa à s'en mettre en possession.

Ainsi, du seul mouvement de sa volonté arbitraire, Bonaparte dépouilla ma famille et moi de tout ce qui avait échappé aux désastres révolutionnaires, et mon frère en reçut l'investiture par un acte que je m'abstiendrai de qualifier ici, par égard pour les liens qui nous unissent.

C'est contre cet acte, marqué du sceau de l'iniquité, que j'élève la voix devant vous. Je demande si les dispositions de l'art. III du projet de loi en consacrent le maintien, ou, en d'autres termes, si la loi proposée statue que Bonaparte a pu intervertir l'ordre des successions, et déranger en quelque sorte les lois de la nature elle-même.

Si je parlais à d'autres hommes qu'à vous, Messieurs, dont les lumières et la sagesse égalent la justice et l'intégrité, j'aurais besoin peut-être de développer avec soin les moyens sur lesquels je me fonde pour attaquer le décret du 3 novembre 1807, et demander l'annulation de cet acte et de tous autres semblables.

Mais je pense qu'il me suffira de les indiquer succinctement, et qu'un acte de spoliation aussi monstrueux ne

pourra résister au plus simple raisonnement, ni soute-
nir un seul de vos regards.

Si les bois et autres propriétés attachés au Duché-
Pairie de la Vauguyon, et sequestrés sur mon père,
étaient encore annexés au domaine public, les dispositions de la charte constitutionnelle et de la loi proposée
me permettraient aujourd'hui de considérer comme cer-
taine la rentrée de ces propriétés en la possession de
mon père.

A l'égard de celles qui ont été vendues, nul doute
que les actes d'aliénation ne doivent être inviolablement
respectés ; mais il ne m'est pas interdit d'espérer que
dans les offres généreuses et volontaires des possesseurs,
ma famille trouverait peut-être une indemnité des pertes
et dommages que ces aliénations nous ont fait éprouver.

Or, la situation dans laquelle je me trouve placé est
telle, que je me vois réduit à gémir sur la prétendue
restitution faite par Bonaparte, et à regretter que la
totalité de nos domaines n'ait point été vendue.

Permettez-moi, Messieurs, de me livrer à l'examen
d'une question dont la décision doit influer sur votre
détermination, et en même temps sur mon sort d'une
manière absolue.

» Les biens des émigrés ayant été, par des lois for-
» melles, réunis au Domaine public, le chef du Gou-
» vernement pouvait-il en disposer gratuitement, ou
» même à titre onéreux, par un simple acte de sa
» volonté ? »

Si l'on examine cette question d'après les anciens

principes, il est constant que le Roi pouvait autrefois disposer au profit de quelqu'un de ses sujets des biens confisqués, et ce par un acte qu'on appelait *don de confiscation*.

Ce don n'était pas considéré comme une véritable aliénation du Domaine de la couronne, par la raison que les confiscations tombaient dans le domaine casuel, et que les Rois pouvaient disposer par donations ou ventes de tout ce qui faisait partie du domaine casuel.

Mais quand les Rois avaient joui pendant dix années d'objets compris en ce domaine casuel, alors ces portions de domaine casuel passaient de droit dans le domaine fixe, *et devenaient immuables*.

Si donc on veut considérer les bois et forêts provenant des émigrés comme ayant été réunis au Domaine de la couronne, cette réunion ayant été opérée depuis vingt années, et les Gouvernemens successifs qui représentaient le Souverain en ayant joui pendant plus de dix années, il y a nécessité de conclure que Bonaparte n'a pu disposer, à titre de donation, en faveur de qui que ce fût, des biens de Calonges et de St.-Mégrin, ni d'aucune autre propriété de cette nature.

Si l'on considère ces mêmes bois et forêts comme compris dans la confiscation générale prononcée contre les émigrés, il n'y a nul doute qu'il n'a pu en être disposé que par des aliénations régulièrement faites aux enchères publiques et dans les formes établies par les lois.

Enfin, en se réglant même d'après les Sénatus-Consultes appelés *Constitutions de l'Empire*, on n'y trouvera rien qui autorise ou semble autoriser des actes aussi monstrueux d'aliénation et de spoliation.

Sur quelle loi, sur quels principes Bonaparte s'appuyait-il donc quand il donnait au fils puîné la succession du père vivant à l'exclusion des autres successibles, quand il appelait des étrangers à recueillir le patrimoine de ceux que la confiscation avait frappés?

Ce n'est pas dans une loi, Messieurs, ce n'est pas dans les principes de la justice, ce n'est pas dans l'effusion de la bienfaisance qu'il faut chercher les motifs de la conduite de Bonaparte.

C'est dans le dessein inique et profondément conçu d'affermir son usurpation, qu'il a répandu, sur ceux qui, de près ou de loin, entouraient son trône, ses honteuses largesses, ses indignes libéralités; il les a attachés à son sort, non par des bienfaits, mais par des concessions qu'il n'avait pas le droit de faire, et que le donataire ne pouvait accepter sans se rendre complice de l'usurpateur qui donnait; en les couvrant des dépouilles étrangères ou de celles de leurs proches, il a voulu les mettre dans la nécessité de défendre et son trône et ces dépouilles, qu'un retour à l'ordre et au Souverain légitime ne pouvait manquer de leur ravir.

Sous le Gouvernement réparateur du Monarque qui vient d'être rendu aux vœux de la France, serait-il possible, Messieurs, que des actes aussi monstrueux que celui que j'attaque, conservassent leur effet?

Le décret du 3 novembre 1807 qui investit mon frère de la propriété des bois de Calonges et de St.-Megrin, ne peut tirer aucun appui ni de l'ancienne jurisprudence du royaume de France, et des ordonnances de nos Rois, ni des lois et decrets révolutionnaires, ni de la constitution de l'an 8 , ni de celle impériale.

Il ne pouvait subsister que par l'arbitraire de Bonaparte, de cet homme qui partout mettait sa volonté à la place des lois.

L'usurpateur a cédé le trône au Souverain légitime; l'arbitraire n'existe plus : le décret du 3 novembre 1807 doit disparaître comme lui.

« Je demande, Messieurs, que , par une mesure géné-
» rale qui deviendra commune à tous ceux qui se trouvent
» dans le même cas que moi, il soit inséré, par amen-
» dement au projet de loi , un article dont les dispo-
» sitions annulent l'effet des envois en possession et dona-
» tions faites par le dernier Gouvernement, en tant que
» ces envois en possesion et donations s'appliquaient
» à d'autres qu'aux anciens et légitimes propriétaires des
» biens remis et concédés. »

Je suis, Messieurs, avec un profond respect,

Votre très-humble
et très-obéissant serviteur

LA VAUGUYON-CARENCY.

25 Octobre 1814.

De l'Imprimerie de Nouzou, rue de Cléry, N°. 9, à Paris.

[illegible]

PÉTITION

Nécessité de modifier l'article 1er. du projet de loi relatif à la restitution des biens des Émigrés.

A Nosseigneurs les Membres de la Chambre des Pairs ,

Par Paul-Antoine-Maximilien-Casimir de QUÉLEN de la VAUGUYON-CARENCY.

MESSEIGNEURS,

Permettez-moi d'appeler toute votre attention sur les dispositions de l'article Ier. du projet de loi relatif aux biens non vendus des Émigrés.

« Cet article maintient notamment tous les droits acquis
» avant la publication de la charte constitutionnelle qui
» seraient fondés sur des lois *ou des actes du Gouverne-*
» *ment,* relatifs à l'émigration. »

D'après les motifs énoncés dans le cours de la discussion qui a eu lieu à la Chambre des Députés, on ne peut se dissimuler aujourd'hui que les dispositions finales de cet article n'aient pour objet de maintenir

les actes de spoliation faits par le gouvernement impérial, sous couleur de restitution, ces actes, à la faveur
desquels des gendres et des fils ont été investis, sans
aucun droit ni titre, de la propriété d'immeubles confisqués sur leurs pères.

Pour me faire mieux comprendre, Messeigneurs, je
citerai un exemple, et je le prendrai dans la situation où
je me trouve placé moi-même.

Par mon contrat de mariage du 13 septembre 1789,
le duc de la VAUGUYON, mon père, me concéda la
nue propriété du Duché-Pairie de la Vauguyon et des
terres et bois qui en dépendent, et me constitua 16000
francs de rente annuelle dont je devais jouir pendant
sa vie, et tant que je n'aurais point succédé au Duché-
Pairie.

Les événemens politiques forcèrent ma famille à sortir
de France : revenu le premier dans ma patrie que je
n'avais quittée qu'à regret, j'obtins la radiation de mon
père et l'autorisation de sa rentrée en France.

Paul là Vauguyon, mon frère puîné, prit alors le
parti des armes.

En 1807 il s'attacha à Joachim Murat, alors grand
duc de Berg, en qualité d'aide de-camp. A cette époque,
le duc de la Vauguyon, mon père, jugeant sans doute
que mon frère était en position de fixer l'attention et
l'intérêt de Buonaparte, fit solliciter par lui la restitution des bois de Calonges, de Saint-Mégrin et des autres

domaines non vendus , ressortissant du Duché-Pairie de la Vauguyon.

Un décret impérial du 3 novembre 1807 ordonna la levée du sequestre existant sur ces domaines , et auto- risa Paul la Vauguyon , mon frère, à s'en mettre en possession.

Ainsi, du seul mouvement de sa volonté , Buonaparte dépouilla ma famille et moi de tout ce qui avait échappé aux désastres révolutionnaires, et mon frère en reçut l'investiture par un acte que je m'abstiendrai de quali- fier ici , par égard pour les liens qui nous unissent.

C'est cet acte qui, par sa nature et son contexte , ne pourrait résister à une attaque judiciaire , dont les dispositions illégales se trouvent consacrées par celles de l'article Ier. du projet de loi.

Je ne puis croire , Messeigneurs, que ces mêmes dis- positions trouvent grâce à vos yeux, et que, pour l'avan- tage particulier de quelques individus , la Chambre des Pairs se détermine à méconnaître tous les principes , et à violer le plus sacré de tous les droits, celui de la propriété.

Je n'entrerai point ici dans le développement et la discussion des moyens qui militent contre l'existence de *ces actes du Gouvernement* qui m'ont dépouillé et que je vous signale ; il suffit, je pense, de les indiquer à votre justice pour obtenir le redressement des torts dont je me plains.

Plein de confiance dans la loyauté et la sagesse de la

Chambre, je demande que, par une mesure générale qui deviendra commune à tous ceux qui se trouvent dans le même cas que moi, il soit inséré, par amendement, au »projet de loi un article dont les dispositions annulent » l'effet des mises en possession et donations faites par le » dernier Gouvernement, en tant que ces mises en pos- »session et donations s'appliqueraient à d'autres qu'aux »anciens et légitimes propriétaires des biens remis et »concédés. »

Je suis, Messeigneurs, avec un profond respect,

Votre très-humble
et très-obéissant serviteur

LA VAUGUYON-CARENCY

21 Novembre 1814.

De l'Imprimerie de Nouzou, rue de Cléry, N°. 9, à Paris.

BIBLIOTHEQUE NATIONALE DE FRANCE
3 7531 00740860 3